Livre de caisse

Auteur : G.C.

ISBN-13: 978-1514853672

ISBN-10: 1514853671

Société : ....

N° Siret : ....

Adresse : ....

...

Livre de caisse en Euros (€) **Période : ....**

	Date	Référence de la pièce	Libellé	Imputation	Recettes		Dépenses		TVA	
1										
2										
3										
4										
5										
6										
7										
8										
9										
10										
11										
12										
13										
14										
15										
16										
17										
18										
19										
20										
21										
22										
23										
24										
25										
26										
27										
28										
29										
30										
31										
32										
				Totaux						

Répartition des recettes par taux de TVA	..........%	..........%	..........%

Solde précédent	**Recettes**	**Dépenses**	**Nouveau solde**

Fonds de Caisse	
Espèces	
Chèques	
Cartes	

Livre de caisse en Euros (€) **Période : ....**

	Date	Référence de la pièce	Libellé	Imputation	Recettes		Dépenses		TVA	
1										
2										
3										
4										
5										
6										
7										
8										
9										
10										
11										
12										
13										
14										
15										
16										
17										
18										
19										
20										
21										
22										
23										
24										
25										
26										
27										
28										
29										
30										
31										
32										
				Totaux						

Répartition des recettes par taux de TVA	..........%	..........%	..........%

Solde précédent	Recettes	Dépenses	Nouveau solde

Fonds de Caisse	
Espèces	
Chèques	
Cartes	

	Date	Référence de la pièce	Libellé	Imputation	Recettes		Dépenses		TVA	
1										
2										
3										
4										
5										
6										
7										
8										
9										
10										
11										
12										
13										
14										
15										
16										
17										
18										
19										
20										
21										
22										
23										
24										
25										
26										
27										
28										
29										
30										
31										
32										
				Totaux						

Répartition des recettes par taux de TVA	..........%	..........%	..........%

Solde précédent	Recettes	Dépenses	Nouveau solde

Fonds de Caisse	
Espèces	
Chèques	
Cartes	

Livre de caisse en Euros (€) **Période : ....**

	Date	Référence de la pièce	Libellé	Imputation	Recettes		Dépenses		TVA	
1										
2										
3										
4										
5										
6										
7										
8										
9										
10										
11										
12										
13										
14										
15										
16										
17										
18										
19										
20										
21										
22										
23										
24										
25										
26										
27										
28										
29										
30										
31										
32										
				Totaux						

Répartition des recettes par taux de TVA	.........%	.........%	.........%

Solde précédent	Recettes	Dépenses	Nouveau solde

Fonds de Caisse	
Espèces	
Chèques	
Cartes	

	Date	Référence de la pièce	Libellé	Imputation	Recettes		Dépenses		TVA	
1										
2										
3										
4										
5										
6										
7										
8										
9										
10										
11										
12										
13										
14										
15										
16										
17										
18										
19										
20										
21										
22										
23										
24										
25										
26										
27										
28										
29										
30										
31										
32										
				Totaux						

Répartition des recettes par taux de TVA	..........%	..........%	..........%

Solde précédent	**Recettes**	**Dépenses**	**Nouveau solde**

Fonds de Caisse	
Espèces	
Chèques	
Cartes	

	Date	Référence de la pièce	Libellé	Imputation	Recettes		Dépenses		TVA	
1										
2										
3										
4										
5										
6										
7										
8										
9										
10										
11										
12										
13										
14										
15										
16										
17										
18										
19										
20										
21										
22										
23										
24										
25										
26										
27										
28										
29										
30										
31										
32										
				Totaux						

Répartition des recettes par taux de TVA	..........%	..........%	..........%

Solde précédent	Recettes	Dépenses	Nouveau solde

Fonds de Caisse	
Espèces	
Chèques	
Cartes	

	Date	Référence de la pièce	Libellé	Imputation	Recettes		Dépenses		TVA	
1										
2										
3										
4										
5										
6										
7										
8										
9										
10										
11										
12										
13										
14										
15										
16										
17										
18										
19										
20										
21										
22										
23										
24										
25										
26										
27										
28										
29										
30										
31										
32										
				Totaux						

Répartition des recettes par taux de TVA	..........%	..........%	..........%

Solde précédent	Recettes	Dépenses	Nouveau solde

Fonds de Caisse	
Espèces	
Chèques	
Cartes	

Livre de caisse en Euros (€) **Période : ....**

	Date	Référence de la pièce	Libellé	Imputation	Recettes		Dépenses		TVA	
1										
2										
3										
4										
5										
6										
7										
8										
9										
10										
11										
12										
13										
14										
15										
16										
17										
18										
19										
20										
21										
22										
23										
24										
25										
26										
27										
28										
29										
30										
31										
32										
				Totaux						

Répartition des recettes par taux de TVA	..........%	..........%	..........%

Solde précédent	**Recettes**	**Dépenses**	**Nouveau solde**

Fonds de Caisse	
Espèces	
Chèques	
Cartes	

Livre de caisse en Euros (€)

Période : ....

	Date	Référence de la pièce	Libellé	Imputation	Recettes		Dépenses		TVA	
1										
2										
3										
4										
5										
6										
7										
8										
9										
10										
11										
12										
13										
14										
15										
16										
17										
18										
19										
20										
21										
22										
23										
24										
25										
26										
27										
28										
29										
30										
31										
32										
				Totaux						

Répartition des recettes par taux de TVA	..........%	..........%	..........%

Solde précédent	Recettes	Dépenses	Nouveau solde

Fonds de Caisse	
Espèces	
Chèques	
Cartes	

Livre de caisse en Euros (€) **Période : ....**

	Date	Référence de la pièce	Libellé	Imputation	Recettes		Dépenses		TVA	
1										
2										
3										
4										
5										
6										
7										
8										
9										
10										
11										
12										
13										
14										
15										
16										
17										
18										
19										
20										
21										
22										
23										
24										
25										
26										
27										
28										
29										
30										
31										
32										
				Totaux						

Répartition des recettes par taux de TVA	……….%	……….%	……….%

Solde précédent	Recettes	Dépenses	Nouveau solde

Fonds de Caisse	
Espèces	
Chèques	
Cartes	

Livre de caisse en Euros (€) **Période : ....**

	Date	Référence de la pièce	Libellé	Imputation	Recettes		Dépenses		TVA	
1										
2										
3										
4										
5										
6										
7										
8										
9										
10										
11										
12										
13										
14										
15										
16										
17										
18										
19										
20										
21										
22										
23										
24										
25										
26										
27										
28										
29										
30										
31										
32										
				Totaux						

Répartition des recettes par taux de TVA	..........%	..........%	..........%

Solde précédent	**Recettes**	**Dépenses**	**Nouveau solde**

Fonds de Caisse	
Espèces	
Chèques	
Cartes	

Livre de caisse en Euros (€) **Période : ....**

	Date	Référence de la pièce	Libellé	Imputation	Recettes		Dépenses		TVA	
1										
2										
3										
4										
5										
6										
7										
8										
9										
10										
11										
12										
13										
14										
15										
16										
17										
18										
19										
20										
21										
22										
23										
24										
25										
26										
27										
28										
29										
30										
31										
32										
				Totaux						

Répartition des recettes par taux de TVA	..........%	..........%	..........%

Solde précédent	Recettes	Dépenses	Nouveau solde

Fonds de Caisse	
Espèces	
Chèques	
Cartes	

Livre de caisse en Euros (€) **Période : ....**

	Date	Référence de la pièce	Libellé	Imputation	Recettes		Dépenses		TVA	
1										
2										
3										
4										
5										
6										
7										
8										
9										
10										
11										
12										
13										
14										
15										
16										
17										
18										
19										
20										
21										
22										
23										
24										
25										
26										
27										
28										
29										
30										
31										
32										
				Totaux						

Répartition des recettes par taux de TVA	..........%	..........%	..........%

Solde précédent	Recettes	Dépenses	Nouveau solde

Fonds de Caisse	
Espèces	
Chèques	
Cartes	

Livre de caisse en Euros (€) **Période : ....**

	Date	Référence de la pièce	Libellé	Imputation	Recettes		Dépenses		TVA	
1										
2										
3										
4										
5										
6										
7										
8										
9										
10										
11										
12										
13										
14										
15										
16										
17										
18										
19										
20										
21										
22										
23										
24										
25										
26										
27										
28										
29										
30										
31										
32										
				Totaux						

Répartition des recettes par taux de TVA	..........%	..........%	..........%

Solde précédent	Recettes	Dépenses	Nouveau solde

Fonds de Caisse	
Espèces	
Chèques	
Cartes	

	Date	Référence de la pièce	Libellé	Imputation	Recettes		Dépenses		TVA	
1										
2										
3										
4										
5										
6										
7										
8										
9										
10										
11										
12										
13										
14										
15										
16										
17										
18										
19										
20										
21										
22										
23										
24										
25										
26										
27										
28										
29										
30										
31										
32										
				Totaux						

Répartition des recettes par taux de TVA	..........%	..........%	..........%

Fonds de Caisse	
Espèces	
Chèques	
Cartes	

Solde précédent	**Recettes**	**Dépenses**	**Nouveau solde**

Livre de caisse en Euros (€) **Période : ....**

	Date	Référence de la pièce	Libellé	Imputation	Recettes		Dépenses		TVA	
1										
2										
3										
4										
5										
6										
7										
8										
9										
10										
11										
12										
13										
14										
15										
16										
17										
18										
19										
20										
21										
22										
23										
24										
25										
26										
27										
28										
29										
30										
31										
32										
				Totaux						

Répartition des recettes par taux de TVA	..........%	..........%	..........%

Solde précédent	Recettes	Dépenses	Nouveau solde

Fonds de Caisse	
Espèces	
Chèques	
Cartes	

Livre de caisse en Euros (€)

Période : ....

	Date	Référence de la pièce	Libellé	Imputation	Recettes		Dépenses		TVA	
1										
2										
3										
4										
5										
6										
7										
8										
9										
10										
11										
12										
13										
14										
15										
16										
17										
18										
19										
20										
21										
22										
23										
24										
25										
26										
27										
28										
29										
30										
31										
32										
				Totaux						

Répartition des recettes par taux de TVA	..........%	..........%	..........%

Solde précédent	Recettes	Dépenses	Nouveau solde

Fonds de Caisse	
Espèces	
Chèques	
Cartes	

Livre de caisse en Euros (€) **Période : ....**

	Date	Référence de la pièce	Libellé	Imputation	Recettes		Dépenses		TVA	
1										
2										
3										
4										
5										
6										
7										
8										
9										
10										
11										
12										
13										
14										
15										
16										
17										
18										
19										
20										
21										
22										
23										
24										
25										
26										
27										
28										
29										
30										
31										
32										
				Totaux						

Répartition des recettes par taux de TVA	..........%	..........%	..........%

Solde précédent	Recettes	Dépenses	Nouveau solde

Fonds de Caisse	
Espèces	
Chèques	
Cartes	

	Date	Référence de la pièce	Libellé	Imputation	Recettes		Dépenses		TVA	
1										
2										
3										
4										
5										
6										
7										
8										
9										
10										
11										
12										
13										
14										
15										
16										
17										
18										
19										
20										
21										
22										
23										
24										
25										
26										
27										
28										
29										
30										
31										
32										
				Totaux						

Répartition des recettes par taux de TVA	..........%	..........%	..........%

Solde précédent	**Recettes**	**Dépenses**	**Nouveau solde**

Fonds de Caisse	
Espèces	
Chèques	
Cartes	

	Date	Référence de la pièce	Libellé	Imputation	Recettes		Dépenses		TVA	
1										
2										
3										
4										
5										
6										
7										
8										
9										
10										
11										
12										
13										
14										
15										
16										
17										
18										
19										
20										
21										
22										
23										
24										
25										
26										
27										
28										
29										
30										
31										
32										
				Totaux						

Répartition des recettes par taux de TVA	..........%	..........%	..........%

Solde précédent	**Recettes**	**Dépenses**	**Nouveau solde**

Fonds de Caisse	
Espèces	
Chèques	
Cartes	

Livre de caisse en Euros (€) **Période : ....**

	Date	Référence de la pièce	Libellé	Imputation	Recettes		Dépenses		TVA	
1										
2										
3										
4										
5										
6										
7										
8										
9										
10										
11										
12										
13										
14										
15										
16										
17										
18										
19										
20										
21										
22										
23										
24										
25										
26										
27										
28										
29										
30										
31										
32										
				Totaux						

Répartition des recettes par taux de TVA	..........%	..........%	..........%

Solde précédent	**Recettes**	**Dépenses**	**Nouveau solde**

Fonds de Caisse	
Espèces	
Chèques	
Cartes	

	Date	Référence de la pièce	Libellé	Imputation	Recettes		Dépenses		TVA	
1										
2										
3										
4										
5										
6										
7										
8										
9										
10										
11										
12										
13										
14										
15										
16										
17										
18										
19										
20										
21										
22										
23										
24										
25										
26										
27										
28										
29										
30										
31										
32										
				Totaux						

Répartition des recettes par taux de TVA	..........%	..........%	..........%

Solde précédent	Recettes	Dépenses	Nouveau solde

Fonds de Caisse	
Espèces	
Chèques	
Cartes	

Livre de caisse en Euros (€) **Période : ....**

	Date	Référence de la pièce	Libellé	Imputation	Recettes		Dépenses		TVA	
1										
2										
3										
4										
5										
6										
7										
8										
9										
10										
11										
12										
13										
14										
15										
16										
17										
18										
19										
20										
21										
22										
23										
24										
25										
26										
27										
28										
29										
30										
31										
32										
				Totaux						

Répartition des recettes par taux de TVA	..........%	..........%	..........%

Solde précédent	**Recettes**	**Dépenses**	**Nouveau solde**

Fonds de Caisse	
Espèces	
Chèques	
Cartes	

	Date	Référence de la pièce	Libellé	Imputation	Recettes		Dépenses		TVA	
1										
2										
3										
4										
5										
6										
7										
8										
9										
10										
11										
12										
13										
14										
15										
16										
17										
18										
19										
20										
21										
22										
23										
24										
25										
26										
27										
28										
29										
30										
31										
32										
				Totaux						

Répartition des recettes par taux de TVA	..........%	..........%	..........%

Solde précédent	**Recettes**	**Dépenses**	**Nouveau solde**

Fonds de Caisse	
Espèces	
Chèques	
Cartes	

Livre de caisse en Euros (€) **Période : ....**

	Date	Référence de la pièce	Libellé	Imputation	Recettes		Dépenses		TVA	
1										
2										
3										
4										
5										
6										
7										
8										
9										
10										
11										
12										
13										
14										
15										
16										
17										
18										
19										
20										
21										
22										
23										
24										
25										
26										
27										
28										
29										
30										
31										
32										
				Totaux						

Répartition des recettes par taux de TVA	..........%	..........%	..........%

Solde précédent	**Recettes**	**Dépenses**	**Nouveau solde**

Fonds de Caisse	
Espèces	
Chèques	
Cartes	

Livre de caisse en Euros (€) **Période : ....**

	Date	Référence de la pièce	Libellé	Imputation	Recettes		Dépenses		TVA	
1										
2										
3										
4										
5										
6										
7										
8										
9										
10										
11										
12										
13										
14										
15										
16										
17										
18										
19										
20										
21										
22										
23										
24										
25										
26										
27										
28										
29										
30										
31										
32										
				Totaux						

Répartition des recettes par taux de TVA	..........%	..........%	..........%

Solde précédent	Recettes	Dépenses	Nouveau solde

Fonds de Caisse	
Espèces	
Chèques	
Cartes	

Livre de caisse en Euros (€) **Période : ....**

	Date	Référence de la pièce	Libellé	Imputation	Recettes		Dépenses		TVA	
1										
2										
3										
4										
5										
6										
7										
8										
9										
10										
11										
12										
13										
14										
15										
16										
17										
18										
19										
20										
21										
22										
23										
24										
25										
26										
27										
28										
29										
30										
31										
32										
				Totaux						

Répartition des recettes par taux de TVA	..........%	..........%	..........%

Solde précédent	**Recettes**	**Dépenses**	**Nouveau solde**

Fonds de Caisse	
Espèces	
Chèques	
Cartes	

	Date	Référence de la pièce	Libellé	Imputation	Recettes		Dépenses		TVA	
1										
2										
3										
4										
5										
6										
7										
8										
9										
10										
11										
12										
13										
14										
15										
16										
17										
18										
19										
20										
21										
22										
23										
24										
25										
26										
27										
28										
29										
30										
31										
32										
				Totaux						

Répartition des recettes par taux de TVA	..........%	..........%	..........%

Solde précédent	**Recettes**	**Dépenses**	**Nouveau solde**

Fonds de Caisse	
Espèces	
Chèques	
Cartes	

Livre de caisse en Euros (€)

Période : ....

	Date	Référence de la pièce	Libellé	Imputation	Recettes		Dépenses		TVA	
1										
2										
3										
4										
5										
6										
7										
8										
9										
10										
11										
12										
13										
14										
15										
16										
17										
18										
19										
20										
21										
22										
23										
24										
25										
26										
27										
28										
29										
30										
31										
32										
				Totaux						

Répartition des recettes par taux de TVA	..........%	..........%	..........%

Solde précédent	Recettes	Dépenses	Nouveau solde

Fonds de Caisse	
Espèces	
Chèques	
Cartes	

Livre de caisse en Euros (€) **Période : ....**

	Date	Référence de la pièce	Libellé	Imputation	Recettes		Dépenses		TVA	
1										
2										
3										
4										
5										
6										
7										
8										
9										
10										
11										
12										
13										
14										
15										
16										
17										
18										
19										
20										
21										
22										
23										
24										
25										
26										
27										
28										
29										
30										
31										
32										
				Totaux						

Répartition des recettes par taux de TVA	..........%	..........%	..........%

Fonds de Caisse	
Espèces	
Chèques	
Cartes	

Solde précédent	**Recettes**	**Dépenses**	**Nouveau solde**

Livre de caisse en Euros (€) Période : ....

	Date	Référence de la pièce	Libellé	Imputation	Recettes		Dépenses		TVA	
1										
2										
3										
4										
5										
6										
7										
8										
9										
10										
11										
12										
13										
14										
15										
16										
17										
18										
19										
20										
21										
22										
23										
24										
25										
26										
27										
28										
29										
30										
31										
32										
				Totaux						

Répartition des recettes par taux de TVA	..........%	..........%	..........%

Solde précédent	Recettes	Dépenses	Nouveau solde

Fonds de Caisse	
Espèces	
Chèques	
Cartes	

	Date	Référence de la pièce	Libellé	Imputation	Recettes		Dépenses		TVA	
1										
2										
3										
4										
5										
6										
7										
8										
9										
10										
11										
12										
13										
14										
15										
16										
17										
18										
19										
20										
21										
22										
23										
24										
25										
26										
27										
28										
29										
30										
31										
32										
				Totaux						

Répartition des recettes par taux de TVA	..........%	..........%	..........%

Solde précédent	Recettes	Dépenses	Nouveau solde

Fonds de Caisse	
Espèces	
Chèques	
Cartes	

Livre de caisse en Euros (€) **Période : ....**

	Date	Référence de la pièce	Libellé	Imputation	Recettes		Dépenses		TVA	
1										
2										
3										
4										
5										
6										
7										
8										
9										
10										
11										
12										
13										
14										
15										
16										
17										
18										
19										
20										
21										
22										
23										
24										
25										
26										
27										
28										
29										
30										
31										
32										
				Totaux						

Répartition des recettes par taux de TVA	..........%	..........%	..........%

Solde précédent	Recettes	Dépenses	Nouveau solde

Fonds de Caisse	
Espèces	
Chèques	
Cartes	

	Date	Référence de la pièce	Libellé	Imputation	Recettes		Dépenses		TVA	
1										
2										
3										
4										
5										
6										
7										
8										
9										
10										
11										
12										
13										
14										
15										
16										
17										
18										
19										
20										
21										
22										
23										
24										
25										
26										
27										
28										
29										
30										
31										
32										
				Totaux						

Répartition des recettes par taux de TVA	..........%	..........%	..........%

Solde précédent	**Recettes**	**Dépenses**	**Nouveau solde**

Fonds de Caisse	
Espèces	
Chèques	
Cartes	

Livre de caisse en Euros (€) **Période : ....**

	Date	Référence de la pièce	Libellé	Imputation	Recettes		Dépenses		TVA	
1										
2										
3										
4										
5										
6										
7										
8										
9										
10										
11										
12										
13										
14										
15										
16										
17										
18										
19										
20										
21										
22										
23										
24										
25										
26										
27										
28										
29										
30										
31										
32										
				Totaux						

Répartition des recettes par taux de TVA	..........%	..........%	..........%

Solde précédent	**Recettes**	**Dépenses**	**Nouveau solde**

Fonds de Caisse	
Espèces	
Chèques	
Cartes	

Livre de caisse en Euros (€) **Période : ....**

	Date	Référence de la pièce	Libellé	Imputation	Recettes		Dépenses		TVA	
1										
2										
3										
4										
5										
6										
7										
8										
9										
10										
11										
12										
13										
14										
15										
16										
17										
18										
19										
20										
21										
22										
23										
24										
25										
26										
27										
28										
29										
30										
31										
32										
				Totaux						

Répartition des recettes par taux de TVA	..........%	..........%	..........%

Solde précédent	**Recettes**	**Dépenses**	**Nouveau solde**

Fonds de Caisse	
Espèces	
Chèques	
Cartes	

Livre de caisse en Euros (€) **Période : ....**

	Date	Référence de la pièce	Libellé	Imputation	Recettes		Dépenses		TVA	
1										
2										
3										
4										
5										
6										
7										
8										
9										
10										
11										
12										
13										
14										
15										
16										
17										
18										
19										
20										
21										
22										
23										
24										
25										
26										
27										
28										
29										
30										
31										
32										
				Totaux						

Répartition des recettes par taux de TVA	..........%	..........%	..........%

Solde précédent	Recettes	Dépenses	Nouveau solde

Fonds de Caisse	
Espèces	
Chèques	
Cartes	

Livre de caisse en Euros (€) **Période : ....**

	Date	Référence de la pièce	Libellé	Imputation	Recettes		Dépenses		TVA	
1										
2										
3										
4										
5										
6										
7										
8										
9										
10										
11										
12										
13										
14										
15										
16										
17										
18										
19										
20										
21										
22										
23										
24										
25										
26										
27										
28										
29										
30										
31										
32										
				Totaux						

Répartition des recettes par taux de TVA	..........%	..........%	..........%

Solde précédent	**Recettes**	**Dépenses**	**Nouveau solde**

Fonds de Caisse	
Espèces	
Chèques	
Cartes	

	Date	Référence de la pièce	Libellé	Imputation	Recettes		Dépenses		TVA	
1										
2										
3										
4										
5										
6										
7										
8										
9										
10										
11										
12										
13										
14										
15										
16										
17										
18										
19										
20										
21										
22										
23										
24										
25										
26										
27										
28										
29										
30										
31										
32										
				Totaux						

Répartition des recettes par taux de TVA	..........%	..........%	..........%

Solde précédent	Recettes	Dépenses	Nouveau solde

Fonds de Caisse	
Espèces	
Chèques	
Cartes	

	Date	Référence de la pièce	Libellé	Imputation	Recettes		Dépenses		TVA	
1										
2										
3										
4										
5										
6										
7										
8										
9										
10										
11										
12										
13										
14										
15										
16										
17										
18										
19										
20										
21										
22										
23										
24										
25										
26										
27										
28										
29										
30										
31										
32										
				Totaux						

Répartition des recettes par taux de TVA	..........%	..........%	..........%

Solde précédent	Recettes	Dépenses	Nouveau solde

Fonds de Caisse	
Espèces	
Chèques	
Cartes	

Livre de caisse en Euros (€) **Période : ....**

	Date	Référence de la pièce	Libellé	Imputation	Recettes		Dépenses		TVA	
1										
2										
3										
4										
5										
6										
7										
8										
9										
10										
11										
12										
13										
14										
15										
16										
17										
18										
19										
20										
21										
22										
23										
24										
25										
26										
27										
28										
29										
30										
31										
32										
				Totaux						

Répartition des recettes par taux de TVA	..........%	..........%	..........%

Solde précédent	Recettes	Dépenses	Nouveau solde

Fonds de Caisse	
Espèces	
Chèques	
Cartes	

	Date	Référence de la pièce	Libellé	Imputation	Recettes		Dépenses		TVA	
1										
2										
3										
4										
5										
6										
7										
8										
9										
10										
11										
12										
13										
14										
15										
16										
17										
18										
19										
20										
21										
22										
23										
24										
25										
26										
27										
28										
29										
30										
31										
32										
				Totaux						

Répartition des recettes par taux de TVA	..........%	..........%	..........%

Solde précédent	**Recettes**	**Dépenses**	**Nouveau solde**

Fonds de Caisse	
Espèces	
Chèques	
Cartes	

Livre de caisse en Euros (€) **Période : ....**

	Date	Référence de la pièce	Libellé	Imputation	Recettes		Dépenses		TVA	
1										
2										
3										
4										
5										
6										
7										
8										
9										
10										
11										
12										
13										
14										
15										
16										
17										
18										
19										
20										
21										
22										
23										
24										
25										
26										
27										
28										
29										
30										
31										
32										
				Totaux						

Répartition des recettes par taux de TVA	..........%	..........%	..........%

Solde précédent	Recettes	Dépenses	Nouveau solde

Fonds de Caisse	
Espèces	
Chèques	
Cartes	

	Date	Référence de la pièce	Libellé	Imputation	Recettes		Dépenses		TVA	
1										
2										
3										
4										
5										
6										
7										
8										
9										
10										
11										
12										
13										
14										
15										
16										
17										
18										
19										
20										
21										
22										
23										
24										
25										
26										
27										
28										
29										
30										
31										
32										
				Totaux						

Répartition des recettes par taux de TVA	..........%	..........%	..........%

Solde précédent	Recettes	Dépenses	Nouveau solde

Fonds de Caisse	
Espèces	
Chèques	
Cartes	

Livre de caisse en Euros (€) **Période : ....**

	Date	Référence de la pièce	Libellé	Imputation	Recettes		Dépenses		TVA	
1										
2										
3										
4										
5										
6										
7										
8										
9										
10										
11										
12										
13										
14										
15										
16										
17										
18										
19										
20										
21										
22										
23										
24										
25										
26										
27										
28										
29										
30										
31										
32										
				Totaux						

Répartition des recettes par taux de TVA	..........%	..........%	..........%

Solde précédent	**Recettes**	**Dépenses**	**Nouveau solde**

Fonds de Caisse	
Espèces	
Chèques	
Cartes	

	Date	Référence de la pièce	Libellé	Imputation	Recettes		Dépenses		TVA	
1										
2										
3										
4										
5										
6										
7										
8										
9										
10										
11										
12										
13										
14										
15										
16										
17										
18										
19										
20										
21										
22										
23										
24										
25										
26										
27										
28										
29										
30										
31										
32										
				Totaux						

Répartition des recettes par taux de TVA	..........%	..........%	..........%

Solde précédent	**Recettes**	**Dépenses**	**Nouveau solde**

Fonds de Caisse	
Espèces	
Chèques	
Cartes	

Livre de caisse en Euros (€) **Période : ....**

	Date	Référence de la pièce	Libellé	Imputation	Recettes		Dépenses		TVA	
1										
2										
3										
4										
5										
6										
7										
8										
9										
10										
11										
12										
13										
14										
15										
16										
17										
18										
19										
20										
21										
22										
23										
24										
25										
26										
27										
28										
29										
30										
31										
32										
				Totaux						

Répartition des recettes par taux de TVA	..........%	..........%	..........%

Solde précédent	**Recettes**	**Dépenses**	**Nouveau solde**

Fonds de Caisse	
Espèces	
Chèques	
Cartes	

Livre de caisse en Euros (€) **Période : ....**

	Date	Référence de la pièce	Libellé	Imputation	Recettes		Dépenses		TVA	
1										
2										
3										
4										
5										
6										
7										
8										
9										
10										
11										
12										
13										
14										
15										
16										
17										
18										
19										
20										
21										
22										
23										
24										
25										
26										
27										
28										
29										
30										
31										
32										
				Totaux						

Répartition des recettes par taux de TVA	..........%	..........%	..........%

Solde précédent	**Recettes**	**Dépenses**	**Nouveau solde**

Fonds de Caisse	
Espèces	
Chèques	
Cartes	

Livre de caisse en Euros (€) **Période : ....**

	Date	Référence de la pièce	Libellé	Imputation	Recettes		Dépenses		TVA	
1										
2										
3										
4										
5										
6										
7										
8										
9										
10										
11										
12										
13										
14										
15										
16										
17										
18										
19										
20										
21										
22										
23										
24										
25										
26										
27										
28										
29										
30										
31										
32										
				Totaux						

Répartition des recettes par taux de TVA	..........%	..........%	..........%

Solde précédent	**Recettes**	**Dépenses**	**Nouveau solde**

Fonds de Caisse	
Espèces	
Chèques	
Cartes	

Livre de caisse en Euros (€) **Période : ....**

	Date	Référence de la pièce	Libellé	Imputation	Recettes		Dépenses		TVA	
1										
2										
3										
4										
5										
6										
7										
8										
9										
10										
11										
12										
13										
14										
15										
16										
17										
18										
19										
20										
21										
22										
23										
24										
25										
26										
27										
28										
29										
30										
31										
32										
				Totaux						

Répartition des recettes par taux de TVA	..........%	..........%	..........%

Solde précédent	Recettes	Dépenses	Nouveau solde

Fonds de Caisse	
Espèces	
Chèques	
Cartes	

	Date	Référence de la pièce	Libellé	Imputation	Recettes		Dépenses		TVA	
1										
2										
3										
4										
5										
6										
7										
8										
9										
10										
11										
12										
13										
14										
15										
16										
17										
18										
19										
20										
21										
22										
23										
24										
25										
26										
27										
28										
29										
30										
31										
32										
				Totaux						

Répartition des recettes par taux de TVA	..........%	..........%	..........%

Solde précédent	**Recettes**	**Dépenses**	**Nouveau solde**

Fonds de Caisse	
Espèces	
Chèques	
Cartes	

	Date	Référence de la pièce	Libellé	Imputation	Recettes		Dépenses		TVA	
1										
2										
3										
4										
5										
6										
7										
8										
9										
10										
11										
12										
13										
14										
15										
16										
17										
18										
19										
20										
21										
22										
23										
24										
25										
26										
27										
28										
29										
30										
31										
32										
				Totaux						

Répartition des recettes par taux de TVA	..........%	..........%	..........%

Solde précédent	**Recettes**	**Dépenses**	**Nouveau solde**

Fonds de Caisse	
Espèces	
Chèques	
Cartes	

Livre de caisse en Euros (€) **Période : ....**

	Date	Référence de la pièce	Libellé	Imputation	Recettes		Dépenses		TVA	
1										
2										
3										
4										
5										
6										
7										
8										
9										
10										
11										
12										
13										
14										
15										
16										
17										
18										
19										
20										
21										
22										
23										
24										
25										
26										
27										
28										
29										
30										
31										
32										
				Totaux						

Répartition des recettes par taux de TVA	..........%	..........%	..........%

Solde précédent	Recettes	Dépenses	Nouveau solde

Fonds de Caisse	
Espèces	
Chèques	
Cartes	

Livre de caisse en Euros (€) **Période : ....**

	Date	Référence de la pièce	Libellé	Imputation	Recettes		Dépenses		TVA	
1										
2										
3										
4										
5										
6										
7										
8										
9										
10										
11										
12										
13										
14										
15										
16										
17										
18										
19										
20										
21										
22										
23										
24										
25										
26										
27										
28										
29										
30										
31										
32										
				Totaux						

Répartition des recettes par taux de TVA	..........%	..........%	..........%

Solde précédent	Recettes	Dépenses	Nouveau solde

Fonds de Caisse	
Espèces	
Chèques	
Cartes	

Livre de caisse en Euros (€) **Période : ....**

	Date	Référence de la pièce	Libellé	Imputation	Recettes		Dépenses		TVA	
1										
2										
3										
4										
5										
6										
7										
8										
9										
10										
11										
12										
13										
14										
15										
16										
17										
18										
19										
20										
21										
22										
23										
24										
25										
26										
27										
28										
29										
30										
31										
32										
				Totaux						

Répartition des recettes par taux de TVA	..........%	..........%	..........%

Solde précédent	**Recettes**	**Dépenses**	**Nouveau solde**

Fonds de Caisse	
Espèces	
Chèques	
Cartes	

	Date	Référence de la pièce	Libellé	Imputation	Recettes		Dépenses		TVA	
1										
2										
3										
4										
5										
6										
7										
8										
9										
10										
11										
12										
13										
14										
15										
16										
17										
18										
19										
20										
21										
22										
23										
24										
25										
26										
27										
28										
29										
30										
31										
32										
				Totaux						

Répartition des recettes par taux de TVA	..........%	..........%	..........%

Solde précédent	Recettes	Dépenses	Nouveau solde

Fonds de Caisse	
Espèces	
Chèques	
Cartes	

Livre de caisse en Euros (€) **Période : ....**

	Date	Référence de la pièce	Libellé	Imputation	Recettes		Dépenses		TVA	
1										
2										
3										
4										
5										
6										
7										
8										
9										
10										
11										
12										
13										
14										
15										
16										
17										
18										
19										
20										
21										
22										
23										
24										
25										
26										
27										
28										
29										
30										
31										
32										
				Totaux						

Répartition des recettes par taux de TVA	..........%	..........%	..........%

Solde précédent	**Recettes**	**Dépenses**	**Nouveau solde**

Fonds de Caisse	
Espèces	
Chèques	
Cartes	

Livre de caisse en Euros (€) **Période : ....**

	Date	Référence de la pièce	Libellé	Imputation	Recettes		Dépenses		TVA	
1										
2										
3										
4										
5										
6										
7										
8										
9										
10										
11										
12										
13										
14										
15										
16										
17										
18										
19										
20										
21										
22										
23										
24										
25										
26										
27										
28										
29										
30										
31										
32										
				Totaux						

Répartition des recettes par taux de TVA	..........%	..........%	..........%

Solde précédent	**Recettes**	**Dépenses**	**Nouveau solde**

Fonds de Caisse	
Espèces	
Chèques	
Cartes	

Livre de caisse en Euros (€)

Période : ....

	Date	Référence de la pièce	Libellé	Imputation	Recettes		Dépenses		TVA	
1										
2										
3										
4										
5										
6										
7										
8										
9										
10										
11										
12										
13										
14										
15										
16										
17										
18										
19										
20										
21										
22										
23										
24										
25										
26										
27										
28										
29										
30										
31										
32										
				Totaux						

Répartition des recettes par taux de TVA	..........%	..........%	..........%

Solde précédent	Recettes	Dépenses	Nouveau solde

Fonds de Caisse	
Espèces	
Chèques	
Cartes	

Livre de caisse en Euros (€) **Période : ....**

	Date	Référence de la pièce	Libellé	Imputation	Recettes		Dépenses		TVA	
1										
2										
3										
4										
5										
6										
7										
8										
9										
10										
11										
12										
13										
14										
15										
16										
17										
18										
19										
20										
21										
22										
23										
24										
25										
26										
27										
28										
29										
30										
31										
32										
				Totaux						

Répartition des recettes par taux de TVA	..........%	..........%	..........%

Solde précédent	Recettes	Dépenses	Nouveau solde

Fonds de Caisse	
Espèces	
Chèques	
Cartes	

Livre de caisse en Euros (€) **Période : ....**

	Date	Référence de la pièce	Libellé	Imputation	Recettes		Dépenses		TVA	
1										
2										
3										
4										
5										
6										
7										
8										
9										
10										
11										
12										
13										
14										
15										
16										
17										
18										
19										
20										
21										
22										
23										
24										
25										
26										
27										
28										
29										
30										
31										
32										
				Totaux						

Répartition des recettes par taux de TVA	..........%	..........%	..........%

Solde précédent	Recettes	Dépenses	Nouveau solde

Fonds de Caisse	
Espèces	
Chèques	
Cartes	

Livre de caisse en Euros (€) **Période : ....**

	Date	Référence de la pièce	Libellé	Imputation	Recettes		Dépenses		TVA	
1										
2										
3										
4										
5										
6										
7										
8										
9										
10										
11										
12										
13										
14										
15										
16										
17										
18										
19										
20										
21										
22										
23										
24										
25										
26										
27										
28										
29										
30										
31										
32										
				Totaux						

Répartition des recettes par taux de TVA	..........%	..........%	..........%

Fonds de Caisse	
Espèces	
Chèques	
Cartes	

Solde précédent	Recettes	Dépenses	Nouveau solde

Livre de caisse en Euros (€) **Période : ....**

	Date	Référence de la pièce	Libellé	Imputation	Recettes		Dépenses		TVA	
1										
2										
3										
4										
5										
6										
7										
8										
9										
10										
11										
12										
13										
14										
15										
16										
17										
18										
19										
20										
21										
22										
23										
24										
25										
26										
27										
28										
29										
30										
31										
32										
				Totaux						

Répartition des recettes par taux de TVA	..........%	..........%	..........%

Solde précédent	Recettes	Dépenses	Nouveau solde

Fonds de Caisse	
Espèces	
Chèques	
Cartes	

Livre de caisse en Euros (€) **Période : ....**

	Date	Référence de la pièce	Libellé	Imputation	Recettes		Dépenses		TVA	
1										
2										
3										
4										
5										
6										
7										
8										
9										
10										
11										
12										
13										
14										
15										
16										
17										
18										
19										
20										
21										
22										
23										
24										
25										
26										
27										
28										
29										
30										
31										
32										
				Totaux						

Répartition des recettes par taux de TVA	..........%	..........%	..........%

Solde précédent	**Recettes**	**Dépenses**	**Nouveau solde**

Fonds de Caisse	
Espèces	
Chèques	
Cartes	

Livre de caisse en Euros (€) **Période : ....**

	Date	Référence de la pièce	Libellé	Imputation	Recettes		Dépenses		TVA	
1										
2										
3										
4										
5										
6										
7										
8										
9										
10										
11										
12										
13										
14										
15										
16										
17										
18										
19										
20										
21										
22										
23										
24										
25										
26										
27										
28										
29										
30										
31										
32										
				Totaux						

Répartition des recettes par taux de TVA	..........%	..........%	..........%

Solde précédent	Recettes	Dépenses	Nouveau solde

Fonds de Caisse	
Espèces	
Chèques	
Cartes	

	Date	Référence de la pièce	Libellé	Imputation	Recettes		Dépenses		TVA	
1										
2										
3										
4										
5										
6										
7										
8										
9										
10										
11										
12										
13										
14										
15										
16										
17										
18										
19										
20										
21										
22										
23										
24										
25										
26										
27										
28										
29										
30										
31										
32										
				Totaux						

Répartition des recettes par taux de TVA	..........%	..........%	..........%

Solde précédent	Recettes	Dépenses	Nouveau solde

Fonds de Caisse	
Espèces	
Chèques	
Cartes	

Livre de caisse en Euros (€) **Période : ....**

	Date	Référence de la pièce	Libellé	Imputation	Recettes		Dépenses		TVA	
1										
2										
3										
4										
5										
6										
7										
8										
9										
10										
11										
12										
13										
14										
15										
16										
17										
18										
19										
20										
21										
22										
23										
24										
25										
26										
27										
28										
29										
30										
31										
32										
				Totaux						

Répartition des recettes par taux de TVA	..........%	..........%	..........%

Solde précédent	Recettes	Dépenses	Nouveau solde

Fonds de Caisse	
Espèces	
Chèques	
Cartes	

Livre de caisse en Euros (€)

Période : ....

	Date	Référence de la pièce	Libellé	Imputation	Recettes		Dépenses		TVA	
1										
2										
3										
4										
5										
6										
7										
8										
9										
10										
11										
12										
13										
14										
15										
16										
17										
18										
19										
20										
21										
22										
23										
24										
25										
26										
27										
28										
29										
30										
31										
32										
				Totaux						

Répartition des recettes par taux de TVA	..........%	..........%	..........%

Solde précédent	Recettes	Dépenses	Nouveau solde

Fonds de Caisse	
Espèces	
Chèques	
Cartes	

Livre de caisse en Euros (€)

Période : ....

	Date	Référence de la pièce	Libellé	Imputation	Recettes		Dépenses		TVA	
1										
2										
3										
4										
5										
6										
7										
8										
9										
10										
11										
12										
13										
14										
15										
16										
17										
18										
19										
20										
21										
22										
23										
24										
25										
26										
27										
28										
29										
30										
31										
32										
				Totaux						

Répartition des recettes par taux de TVA	..........%	..........%	..........%

Solde précédent	Recettes	Dépenses	Nouveau solde

Fonds de Caisse	
Espèces	
Chèques	
Cartes	

	Date	Référence de la pièce	Libellé	Imputation	Recettes		Dépenses		TVA	
1										
2										
3										
4										
5										
6										
7										
8										
9										
10										
11										
12										
13										
14										
15										
16										
17										
18										
19										
20										
21										
22										
23										
24										
25										
26										
27										
28										
29										
30										
31										
32										
				Totaux						

Répartition des recettes par taux de TVA	..........%	..........%	..........%

Solde précédent	Recettes	Dépenses	Nouveau solde

Fonds de Caisse	
Espèces	
Chèques	
Cartes	

Livre de caisse en Euros (€) **Période : ....**

	Date	Référence de la pièce	Libellé	Imputation	Recettes		Dépenses		TVA	
1										
2										
3										
4										
5										
6										
7										
8										
9										
10										
11										
12										
13										
14										
15										
16										
17										
18										
19										
20										
21										
22										
23										
24										
25										
26										
27										
28										
29										
30										
31										
32										
				Totaux						

Répartition des recettes par taux de TVA	..........%	..........%	..........%

Solde précédent	Recettes	Dépenses	Nouveau solde

Fonds de Caisse	
Espèces	
Chèques	
Cartes	

Livre de caisse en Euros (€) **Période : ....**

	Date	Référence de la pièce	Libellé	Imputation	Recettes		Dépenses		TVA	
1										
2										
3										
4										
5										
6										
7										
8										
9										
10										
11										
12										
13										
14										
15										
16										
17										
18										
19										
20										
21										
22										
23										
24										
25										
26										
27										
28										
29										
30										
31										
32										
				Totaux						

Répartition des recettes par taux de TVA	..........%	..........%	..........%

Solde précédent	**Recettes**	**Dépenses**	**Nouveau solde**

Fonds de Caisse	
Espèces	
Chèques	
Cartes	

Livre de caisse en Euros (€) **Période : ……………………….**

	Date	Référence de la pièce	Libellé	Imputation	Recettes		Dépenses		TVA	
1										
2										
3										
4										
5										
6										
7										
8										
9										
10										
11										
12										
13										
14										
15										
16										
17										
18										
19										
20										
21										
22										
23										
24										
25										
26										
27										
28										
29										
30										
31										
32										
				Totaux						

Répartition des recettes par taux de TVA	……….%	……….%	……….%

Solde précédent	**Recettes**	**Dépenses**	**Nouveau solde**

Fonds de Caisse	
Espèces	
Chèques	
Cartes	

Livre de caisse en Euros (€) **Période : ....**

	Date	Référence de la pièce	Libellé	Imputation	Recettes		Dépenses		TVA	
1										
2										
3										
4										
5										
6										
7										
8										
9										
10										
11										
12										
13										
14										
15										
16										
17										
18										
19										
20										
21										
22										
23										
24										
25										
26										
27										
28										
29										
30										
31										
32										
				Totaux						

Répartition des recettes par taux de TVA	..........%	..........%	..........%

Solde précédent	Recettes	Dépenses	Nouveau solde

Fonds de Caisse	
Espèces	
Chèques	
Cartes	

Livre de caisse en Euros (€) **Période : ....**

	Date	Référence de la pièce	Libellé	Imputation	Recettes		Dépenses		TVA	
1										
2										
3										
4										
5										
6										
7										
8										
9										
10										
11										
12										
13										
14										
15										
16										
17										
18										
19										
20										
21										
22										
23										
24										
25										
26										
27										
28										
29										
30										
31										
32										
				Totaux						

Répartition des recettes par taux de TVA	..........%	..........%	..........%

Solde précédent	**Recettes**	**Dépenses**	**Nouveau solde**

Fonds de Caisse	
Espèces	
Chèques	
Cartes	

Livre de caisse en Euros (€) **Période : ....**

	Date	Référence de la pièce	Libellé	Imputation	Recettes		Dépenses		TVA	
1										
2										
3										
4										
5										
6										
7										
8										
9										
10										
11										
12										
13										
14										
15										
16										
17										
18										
19										
20										
21										
22										
23										
24										
25										
26										
27										
28										
29										
30										
31										
32										
				Totaux						

Répartition des recettes par taux de TVA	..........%	..........%	..........%

Solde précédent	Recettes	Dépenses	Nouveau solde

Fonds de Caisse	
Espèces	
Chèques	
Cartes	

	Date	Référence de la pièce	Libellé	Imputation	Recettes		Dépenses		TVA	
1										
2										
3										
4										
5										
6										
7										
8										
9										
10										
11										
12										
13										
14										
15										
16										
17										
18										
19										
20										
21										
22										
23										
24										
25										
26										
27										
28										
29										
30										
31										
32										
				Totaux						

Répartition des recettes par taux de TVA	..........%	..........%	..........%

Solde précédent	Recettes	Dépenses	Nouveau solde

Fonds de Caisse	
Espèces	
Chèques	
Cartes	

Livre de caisse en Euros (€) **Période : ....**

	Date	Référence de la pièce	Libellé	Imputation	Recettes		Dépenses		TVA	
1										
2										
3										
4										
5										
6										
7										
8										
9										
10										
11										
12										
13										
14										
15										
16										
17										
18										
19										
20										
21										
22										
23										
24										
25										
26										
27										
28										
29										
30										
31										
32										
				Totaux						

Répartition des recettes par taux de TVA	..........%	..........%	..........%

Solde précédent	Recettes	Dépenses	Nouveau solde

Fonds de Caisse	
Espèces	
Chèques	
Cartes	

Livre de caisse en Euros (€)

Période : ....

	Date	Référence de la pièce	Libellé	Imputation	Recettes		Dépenses		TVA	
1										
2										
3										
4										
5										
6										
7										
8										
9										
10										
11										
12										
13										
14										
15										
16										
17										
18										
19										
20										
21										
22										
23										
24										
25										
26										
27										
28										
29										
30										
31										
32										
				Totaux						

Répartition des recettes par taux de TVA	..........%	..........%	..........%

Solde précédent	**Recettes**	**Dépenses**	**Nouveau solde**

Fonds de Caisse	
Espèces	
Chèques	
Cartes	

Livre de caisse en Euros (€) **Période : ....**

	Date	Référence de la pièce	Libellé	Imputation	Recettes		Dépenses		TVA	
1										
2										
3										
4										
5										
6										
7										
8										
9										
10										
11										
12										
13										
14										
15										
16										
17										
18										
19										
20										
21										
22										
23										
24										
25										
26										
27										
28										
29										
30										
31										
32										
				Totaux						

Répartition des recettes par taux de TVA	..........%	..........%	..........%

Solde précédent	Recettes	Dépenses	Nouveau solde

Fonds de Caisse	
Espèces	
Chèques	
Cartes	

www.ingramcontent.com/pod-product-compliance
Lightning Source LLC
Chambersburg PA
CBHW080834180526
45168CB00006B/2682
* 9 7 8 1 5 1 4 8 5 3 6 7 2 *